¿Qué necesitan las mascotas?

Ellie Roper

¿Qué necesita mi gato?

gato

agua

comida

**¿Qué más
necesita mi gato?**

Levanta la solapa
para saberlo.

¿Qué necesita mi pez?

pez

agua

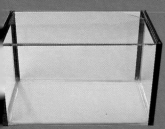

un lugar
donde
vivir

¿Qué más
necesita mi pez?

Levanta la solapa
para saberlo.

perro

comida

un lugar
donde
vivir

¿Qué más
necesita
mi perro?

Levanta la solapa
para saberlo.

¿Qué más necesitan las mascotas?

Amor